20

W0075620

Rainer Haak

Auch im Abschied bleibt die Liebe
Ein Trostbuch

Rainer Haak ist Schriftsteller, Theologe und Aphoristiker. Bekannt wurde er vor allem als Autor meditativer Geschenkbücher. Seine Werke wurden in zehn Sprachen übersetzt. Die Gesamtauflage seiner Bücher beträgt über neun Millionen verkaufte Exemplare.

Rainer Haak

Auch im Abschied

bleibt die Liebe

Ein Trostbuch

GerthMedien

„In Trauer verbunden" (Kapitel 3, Seite 45): Abakus Musik, mit freundlicher Genehmigung
„Sieben lange Meilen" (Kapitel 5, Seite 70): Abakus Musik, mit freundlicher Genehmigung

Informationen über Bücher und Veranstaltungen von Rainer Haak
erhalten Sie im Internet unter: www.rainerhaak.de

© 2015 Gerth Medien GmbH, Asslar,
in der Verlagsgruppe Random House GmbH, München

1. Auflage 2015
Bestell-Nr. 817022
ISBN 978-3-95734-022-1

Umschlagfoto: Masterfile
Fotos: Shutterstock, Corbis (Seite 84/85: Carson GanciDesign Pics,
Seite 108/109: Radius Images), Getty Images (Seite 26/27: Ian McKinnell,
Seite 28/29: MIXA, Seite 46/47: James Lauritz, Seite 80/81: Paul Sounders,
Seite 100/101: Lee Photo Link)
Umschlaggestaltung, Layout und Satz: Hanni Plato

Druck und Verarbeitung: Print Consult, München

Inhaltsverzeichnis

Vorwort

Egal, ob nach langer Krankheit oder mitten aus dem Leben gerissen: Der Tod eines lieben Menschen ist immer unfassbar!

Wir stehen da – hilflos, manchmal leblos, verletzt, gekränkt. Nein, nicht wir sind gestorben. Doch fast noch schlimmer: Wir bleiben zurück. Wir sind allein gelassen mit dem Schmerz und der Trauer.

Dieses Buch kann vielleicht wie eine kleine Schatzkiste verstanden werden - gefüllt mit Gedanken und inneren Bildern, die uns in dieser schweren Zeit begleiten. Dieser oder jener Text wird uns mehr berühren als andere. Mancher wird erst im Laufe der Zeit Zugang zu unserem Herzen finden. Jede Trauer ist eben individuell, und jede Trauer hat ihre eigene Geschichte.

Wo erwarten wir Hilfe? Vielleicht finden wir gerade jetzt im Glauben an einen liebevollen Gott Geborgenheit und Kraft. Vielleicht fühlen wir

6

uns Jesus nah, der im Sterben auf Gott vertraute, aber auch seine ganze Angst und Verzweiflung hinausschrie. Oder wir schreien selbst zu Gott – „Warum nur, warum?" – und schwanken zwischen Vertrauen und Klage.

Wir brauchen Zeit, vielleicht sogar viel Zeit. Wie wir trauern und wie lange, das kann uns niemand sagen. Manche Wunden heilen nur sehr langsam. Wie gut, wenn Menschen da sind, die uns behutsam begleiten, ohne uns Vorwürfe zu machen oder ungefragt Ratschläge zu geben!

Trauern heißt loslassen, aber Trauer heißt nicht „entsorgen" und „abhaken"! Der Mensch, den wir geschätzt und geliebt haben, ist jetzt nicht mehr hier bei uns. Wir stellen uns vor, dass er jetzt im Licht und in der Liebe Gottes ist. Aber er bleibt ein Teil unseres Lebens.
Der Mensch, den wir geliebt haben? Nein, der Mensch, den wir immer noch lieben und dem wir uns für immer tief verbunden wissen.

Herzlich
Rainer Haak

1. Zeit für bittere Tränen

Immer wieder Abschied

Abschied und Verlust begleiten uns schon, seit wir denken können. Bereits in der Kindheit wurden wir nicht davon verschont. Woran wir uns erinnern? Vielleicht an den letzten Tag im Kindergarten, wo wir uns doch so wohl gefühlt hatten, den schmerzhaften Tod des Großvaters, den Abschied von vertrauten Spielgefährten, die in einen anderen Ort zogen, den Tod des geliebten Haustieres, den Abriss des Hauses nebenan (dort stehen heute acht Reihenhäuser), den ersten Schulwechsel – das alles musste verarbeitet werden. Diese Verarbeitung nennen wir Trauer.

Auch Kinder brauchen Trauer, kindgerechte Trauer. Eltern, die ihre Kinder davor verschonen wollen, tun ihnen damit keinen Gefallen. „Ein Junge weint nicht" oder „Wir kaufen dir ein neues Tier" sind hilflose Versuche, das Kind vor Schmerz zu bewahren. Sicherlich meinen die Eltern es gut. Aber sie bringen die Kinder um eine gesunde Gefühlsentwicklung. Besser ist es, wenn die Eltern den Schmerz ihres Kindes ernst nehmen und gemeinsam mit ihm der Trauer Ausdruck geben.

Wenn alles gut geht, stellt das Kind irgendwann fest, dass es vor dem Schmerz und der Trauer nicht davonlaufen muss. Vielleicht sieht es die Trauer durch die positiven Erfahrungen sogar als eine gute Freundin an, die in schweren Zeiten kommt und ihre liebevolle, heilsame Begleitung anbietet.

Ein Mensch, der gelernt hat loszulassen, wird die Trauer hereinbitten, wenn sie an die Tür klopft. Die Schmerzen sind dadurch nicht geringer – im Gegenteil! Was uns vom Herzen gerissen wird, das schmerzt. Und wir trauern und weinen viel in dieser Zeit.

Es ist ein wenig so wie damals als Kind: Die Tränen fließen. Die Wut und die Enttäuschung sind groß. Und es fällt schwer, jetzt den Trost der Mitmenschen anzunehmen. Aber aus der Erfahrung wissen wir auch von der begründeten Hoffnung, dass eines Tages die Freude zurückkehren wird und unsere Seele wieder lächeln und tanzen kann.

11

Es gibt so bange Zeiten

Es gibt so bange Zeiten,
es gibt so trüben Mut,
wo alles sich von Weitem
gespenstisch zeigen tut.

Es schleichen wilde Schrecken
so ängstlich leise her;
und tiefe Nächte decken
die Seele zentnerschwer.

Die sichern Stützen schwanken,
kein Halt der Zuversicht;
der Wirbel der Gedanken
gehorchen dem Willen nicht.

Der Wahnsinn naht und locket
unwiderstehlich hin.
Der Puls des Lebens stocket,
und stumpf ist jeder Sinn.

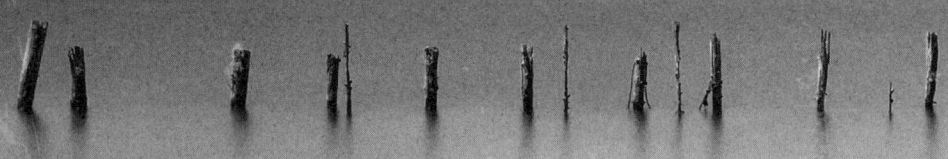

Wer hat das Kreuz erhoben
zum Schutz für jedes Herz?
Wer wohnt im Himmel droben
und hilft in Angst und Schmerz?

Geh zu dem Wunderstamme,
gib stiller Sehnsucht Raum,
aus ihm geht eine Flamme
und zehrt den schweren Traum.

Ein Engel zieht dich wieder
gerettet auf den Strand,
du schaust voll Freuden nieder
in das gelobte Land.

Novalis

In die Tiefe gehen

Wir leben in einer Zeit, in der für Schmerz und Trauer kaum noch Platz zu sein scheint. Wie ein Mantra wird uns jeden Tag vor Augen und Ohren geführt: „Du hast ein Recht darauf, Spaß zu haben und dich wohlzufühlen!" oder „Nimm's leicht, bleib locker!" Nicht nur die Werbung spielt gekonnt mit unserer Sehnsucht nach dem permanenten Glück: „Nimm, was dir gefällt." „Tu, was du willst." „Genieße dein Leben immer und überall – du hast es dir verdient." „Konsumiere, ohne nachzudenken." „Liebe, ohne Verantwortung zu tragen." „Genieße, ohne den Preis zu zahlen" (für manchen hört sich das verlockend an). „Tu, was dir gefällt, ohne an die Folgen zu denken!"

Dieser Trend ist ungesund, das wissen wir insgeheim schon lange. Zum Glück gibt es immer noch oder schon wieder zahlreiche Menschen, die bereit sind, ihre Grenzen zu akzeptieren und kreativ zu gestalten. Es gibt Menschen, die das Leben nicht als großen, kostenlosen Selbstbedienungsladen betrachten oder als eine endlose Spirale des Glücks. Sie gehen verantwortlich mit sich selbst und ihren Mitmenschen um. Sie investieren in eine Beziehung viel Zeit und Kraft, statt bei den ersten Schwierigkeiten das Weite zu suchen. Sie gehen in die Tiefe, statt nur an der Oberfläche zu bleiben.

Sie leben intensiv. Das heißt auch: Sie kennen das tiefe Glück und den unvermeidlichen Schmerz, einen Menschen zu lieben. Und genauso kennen sie das Glück und den Schmerz, zu sich selbst ehrlich zu sein und ein Leben lang an sich zu arbeiten.

Sie leben intensiv. Dazu gehört es, die Trauer auszuhalten und zu durchleben. Die Trauer ist ein Preis, der von Liebenden gezahlt werden muss, wenn der Abschied gekommen ist. Doch kein Preis soll zu hoch sein für die wahre, tiefe Liebe.

Anfangs wollt ich fast verzagen,
und ich glaubt, ich trüg es nie,
und ich hab es doch getragen,
aber fragt mich nur nicht wie.

Heinrich Heine

Die Trauer nicht überlisten

Es gibt viele Tricks und Möglichkeiten, durch die wir uns selbst um unsere Trauer betrügen können. Wir können sie durch Pillen oder Tropfen aus der Apotheke betäuben. Wir können sie durch Alkohol ertränken. Wir können sie durch ständige Arbeit und Aktivität verdrängen. Wir können vor ihr davonlaufen oder uns verstecken. Wir können uns einreden, alles im Griff zu haben und auch „so" klarzukommen.

In jedem Fall betrügen wir uns selbst. Denn wir brauchen unsere Trauer. Wenn wir sie annehmen, ist sie jetzt eine liebevolle Begleiterin, die uns durch trockene Wüste und dichten Urwald in ein neues, gutes Land führt. Sie verschont uns nicht vor den tiefsten Tiefen, aber sie schafft die Voraussetzungen dafür, dass wir danach wieder an Höhe gewinnen.

Wenn wir versuchen, die Trauer zu überlisten, dann hat sie keinen Anfang und vor allem kein Ende. Dann spukt sie in unserem Unterbewusstsein herum und verlässt uns vielleicht nie mehr. Dann verfinstert sie unser Gemüt und gewährt uns nicht die Möglichkeit, eines Tages wieder lachen zu können und voller Zuversicht und Fröhlichkeit unseren Weg zu gehen.

Wenn wir uns in dieser schweren Zeit etwas Gutes tun wollen, dann nehmen wir den Schmerz an, statt ihn zu betäuben. Dann lassen wir die Trauer herein und heißen sie willkommen, statt die Tür vor ihr zu verschließen.

Steht dir ein Schmerz bevor
oder hat er dich bereits ergriffen,
so bedenke, dass du ihn nicht vernichtest,
indem du dich von ihm abwendest!
Sieh ihm fest ins Auge!

Ernst Freiherr von Feuchtersleben

Die eigene kleine Welt

Die Trauer führt uns immer wieder in die Stille und die Einsamkeit. Das laute, brodelnde Leben hat draußen zu bleiben. Wir versuchen, das auch unseren Mitmenschen deutlich zu machen, wenn sie uns aufmuntern, ablenken oder herausholen wollen:

„Während der Zeit meiner Trauer ziehe ich mich zurück in meine kleine, vertraute Welt. Ich brauche diese Geborgenheit. Ich brauche mein Zimmer. So wie ich als Kind meine Höhle brauchte oder unter die Bettdecke kroch, wenn ich unglücklich war. Vielleicht ist es die Erinnerung in meinem Unterbewusstsein an die erste Geborgenheit im Mutterleib?

So zurückgezogen bin ich nicht offen für all das andere, das in unserer lauten Welt geschieht. Es wäre für mich einfach zu viel. Bitte, liebe Mitmenschen, nehmt mir das nicht übel! Aber ich kann nicht. Ich bin angewiesen auf einen geschützten Raum, in dem ich zu mir kommen kann, bevor ich wieder zu euch komme."

Es tut uns gut, wenn einige vertraute Menschen uns dabei begleiten. Sie müssen uns keine guten Ratschläge geben. Sie müssen nicht viel sagen. Es reicht, wenn sie da sind und zuhören.

„Trotz allem Freundeswort
und Mitgefühlsgebärden
bleibt jeder tiefe Schmerz
ein Eremit auf Erden."

Nicolaus Lenau

Wenn ich nicht mehr kann

Gott, wenn ich nicht mehr leben kann,
sei du mein Leben –
wenn ich im Dunkeln umherirre,
sei du mein Licht –
wenn ich keinen Weg sehe,
sei du mein Weg –
wenn ich keine Hoffnung mehr habe,
sei du meine Hoffnung –
wenn ich innerlich leer bin,
sei du meine lebendige Quelle –
wenn ich nicht mehr lieben kann –
sei du meine Liebe.

Du darfst

Manchmal versuchst du,
die Trauer zu unterdrücken.
Doch du darfst weinen
und die Traurigkeit zulassen.
Manchmal kämpfst du darum,
gefasst und stark zu sein
und dir nichts anmerken zu lassen.
Doch du darfst schwach sein.
Du darfst dir und anderen
deine Hilflosigkeit eingestehen.

Nur die Trauer

Während des bitteren Abschieds und danach sehen viele Trauernde um sich herum nichts als Trümmer und Ruinen. Keine Rosen blühen dort, nicht eine einzige. Und sie können sich nicht vorstellen, dass auf den Ruinen bald etwas Neues gebaut werden kann. Ihr Blick geht in die Vergangenheit, nicht in die Zukunft.

Das erleben wir vielleicht auch gerade. Manchen unserer Mitmenschen gefällt das nicht und sie halten uns für undankbar: „Du hast in deinem Leben doch schon so viel Gutes erfahren. Sieh doch auch mal das Positive!" Nein, ein schlechtes Gewissen wollen wir uns nicht machen lassen!

Tatsächlich haben wir jetzt für vieles um uns herum keinen Blick. Da kann man uns noch so sehr vorschwärmen, wie schön die Welt und das Leben seien. Wir „funktionieren", mehr nicht. Wir konzentrieren uns auf die Trauer. Sie ist jetzt für uns wichtig, sie steht im Mittelpunkt. Und dafür brauchen wir viel Kraft und viel Zeit. Das ist schwere Arbeit. Allenfalls in der Nacht sind wir in unseren kurzen, unruhigen Träumen betört von der Erinnerung.

Und was wird morgen sein? Das wird der morgige Tag bringen. Eines Tages, darauf vertrauen wir, werden die Trümmer abgetragen sein. Dann können wir etwas Neues aufbauen. Und die Rose der Erinnerung wird wunderschön blühen. Bis dahin: Gönnt uns diese Zeit.

22

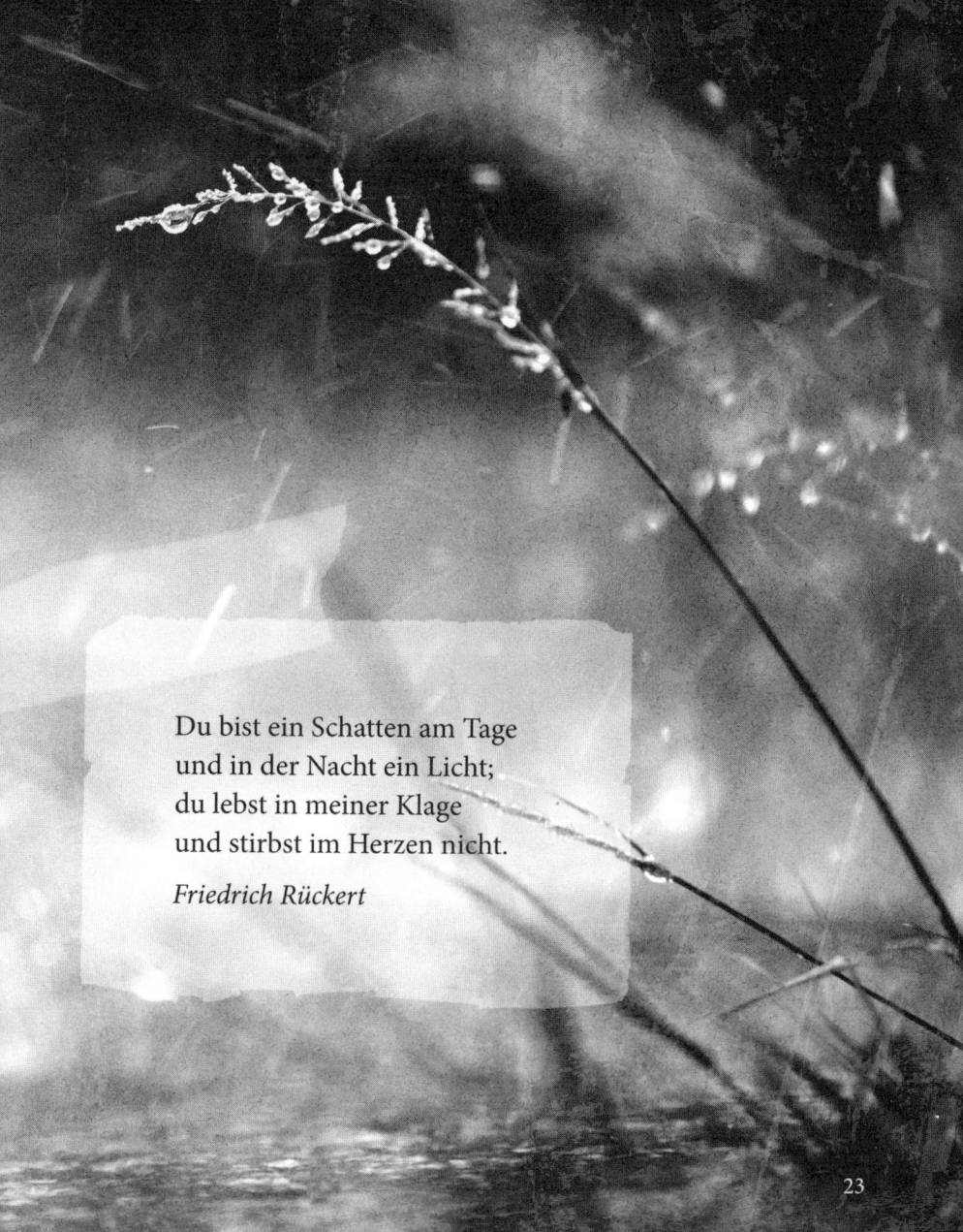

Du bist ein Schatten am Tage
und in der Nacht ein Licht;
du lebst in meiner Klage
und stirbst im Herzen nicht.

Friedrich Rückert

Wie lange noch?

Wie lange dauert die Trauer? – Das ist natürlich von Mensch zu Mensch sehr verschieden. Es hängt sicher auch davon ab, wie das Verhältnis zu dem Verstorbenen war. Gab es Probleme, die zu Lebzeiten nicht gelöst wurden? Gab es Dinge, die nicht geklärt wurden? Manches Unerledigte, mit dem wir jetzt allein fertig werden müssen, hat uns noch fest im Griff. Was auch immer auf uns lastet – wir laufen nicht davor weg.

Vor allem ist wichtig: Wir dürfen uns die Zeit nehmen, die wir brauchen. Auch wenn andere uns bedrängen, jetzt endlich Schluss zu machen mit der Traurigkeit. Es gibt zum Glück keine festen Regeln, wie Trauer auszusehen hat und wie lange sie dauern muss.

Wie lange dauert die Trauer? Das ist selbst im Rückblick nicht genau zu sagen. Denn die Trauer verlässt uns nicht plötzlich von einem Tag zum andern. Sie zieht sich schon einmal zurück, kommt wieder, kommt vielleicht nachts oder zu „unpassenden" Gelegenheiten, um schließlich nur noch ab und zu hereinzuschauen.

Und vielleicht noch nach Jahren kommen drei sympathische Freundinnen kurz zu Besuch und erinnern uns an einen besonderen Menschen. Es sind die Trauer, die Dankbarkeit und die Liebe.

Wir wandelten in Finsternis,
bis wir das Licht sahen.
Aber die Finsternis blieb,
und es fiel ein Schatten
auf unseren Weg.

Theodor Fontane

2. Im Wirbel der Gedanken

Kein Lebensinhalt

Wer einen lieben Menschen verloren hat, sieht die „Trauerarbeit"
schon bald als wichtigen Prozess an, um den Verlust zu verarbeiten.
Die Trauer steht plötzlich im Mittelpunkt des eigenen Lebens.
Sie überschattet für Wochen oder sogar Monate vieles andere.
Trauer ist gut, Trauer ist notwendig.

Aber es gibt auch eine Gefahr, die in dieser Zeit auf uns lauert:
Wir können uns in die eigene Trauer und den Schmerz regelrecht
„verlieben". Wir können uns so sehr an die Trauer gewöhnen,
dass wir von ihr nicht mehr loskommen. Wir können uns immer
weiter in sie hineinsteigern, bis sie schließlich zu unserem neuen
Lebensinhalt wird. Deshalb dürfen wir nie vergessen: Trauer ist nur
auf Zeit eine gute Freundin und niemals auf Dauer. Wenn sie zu
lange bei uns wohnt, kann sie uns krank machen, sie kann uns die
Luft zum Atmen nehmen und das ganze Leben verdunkeln.
Jung ist die Trauer liebenswert, aber alt ist sie unausstehlich.

Darum ist es so wichtig, der Trauer kein eigenes Zimmer in unserer kleinen, inneren Welt einzurichten. Es reicht ein geborgtes, einfaches Gästebett.

„Ich will nie vergessen, dass die Zeit der Trauer eine notwendige Phase ist, um Abschied zu nehmen von meiner bisherigen Welt und erste Schritte in eine neue, veränderte Welt zu gehen. Es ist eine Phase, aber nicht mehr. Die Trauer begleitet mich zu einem neuen Weg – um sich dort von mir zu verabschieden. Dann will ich sie auch gern gehen lassen!"

Mit den Flügeln der Zeit
fliegt die Traurigkeit davon.

Theodor Fontane

Gemeinsam

Immer wieder gehe ich
die alten Wege.
In Gedanken bin ich mit
dem geliebten Menschen unterwegs.
Ich sehe sein Lächeln
und höre sein Flüstern.
Ich spüre einen Stich in meinem Herz.
Ich gehe die alten Wege
und spüre die Einsamkeit.
Ich setze mich auf die Bank,
die wir noch kürzlich
gemeinsam ansteuerten.
Ich gehe an dem Haus vorbei,
in dem wir oft zu Gast waren.
Ich gehe die alten Wege und hoffe,
dass der Weg für mich
eines Tages weitergehen wird.

Graue Tage

Es ist mitunter,
als wären alle Fäden abgeschnitten …
als wäre alles um dich her
weitab und leer,
ein toter Raum,

und du dir selbst ein fremder Traum …

…als käme nie die Sonne wieder,
als klänge nie ein Lied mehr durch,
als höre alles langsam auf …

und plötzlich flimmert's durch die Wolken
und plötzlich trifft ein Klang ans Ohr
und leise fliegt auf goldenem Flügel
ein Schmetterling am Weg empor!

Cäsar Flaischlen

31

Abschied

Abschied.
Immer wieder Abschied.
Das Leben ist eine ununterbrochene Kette
von Abschieden.
Von jedem „Heute darf ich dein Gast sein"
gibt es einen Abschied.
Keine Verbindung hat Bestand,
keine Beziehung hält für immer.
Selbst von dieser Welt
muss ich eines Tages Abschied nehmen.
Ich bin hier zu Gast,
ich weiß nicht, wie lange.

Ich will meinen Gastgeber kennenlernen.
Ich will zu ihm gehören
und ihm so gern nah sein.
Er ist der einzige,
der die endlose Kette von Abschieden
eines Tages schließen kann.
Und ich stelle mir vor,
wie er mir freudig entgegenläuft,
mich in die Arme nimmt und sagt:
„Ich war dir schon immer ganz nah!"

Es geht weiter

Manchmal haben wir den Eindruck: Jetzt ist alles aus. Die Welt muss stehen bleiben. Nichts geht mehr! Doch schon bald wird uns deutlich: Das Leben geht ja weiter. Die Vögel zwitschern noch im Garten – so wie immer. Autos fahren auf der Straße. Menschen unterhalten sich, sie lachen und streiten. So wie immer.

Ein lieber Mensch ist nicht mehr unter uns. Das ist so unvorstellbar! Die Welt bleibt für uns stehen. Und doch – vor dem Nachbarhaus steht ein Möbelwagen, eine neue Familie zieht ein. Kinder spielen vor dem Haus, zwei Menschen verlieben sich, jemand schöpft neue Hoffnung. Alles ist so lebendig, nur nicht bei uns.

Alles ist jetzt anders: „Ich stehe plötzlich auf der anderen Seite – dort, wo sich nichts bewegt. Ich sehe das Leben aus einem völlig veränderten Blickwinkel. Und trotzdem weiß ich, dass sich am Leben nichts geändert hat. Es geht weiter, und das ist gut so. Kinder werden geboren. Wie gern würde ich mich mitfreuen! Die Sonne scheint. Wie gern würde ich ihre warmen Strahlen genießen!

Das Leben geht weiter, auch für mich. Im Augenblick kann ich mir das noch gar nicht vorstellen. Ein lieber Mensch hat Abschied genommen von diesem Leben. Kann ich da einfach weiterleben? Ich kann, ich werde – vielleicht schon bald."

Eines Morgens wachst du nicht mehr auf.
Die Vögel aber singen, wie sie gestern sangen.
Nichts ändert diesen neuen Tagesablauf.
Nur du bist fortgegangen.
Du bist nun frei und unsere Tränen
wünschen dir Glück.

Johann Wolfgang von Goethe

Befreiung

Manches steht zwischen uns,
was wir nicht bereinigt haben.
Wir haben es nicht ausgesprochen,
nicht rechtzeitig,
aus falschem Stolz, aus Wut, aus Angst,
aus Hilflosigkeit.

Jetzt spreche ich es aus.
Jetzt schreie ich es hinaus.
Jetzt befreie ich dich von dem,
was zwischen uns stand.
Und ich befreie mich selbst.

Da fühle ich ganz tief in mir,
wie du mich anschaust und lächelst.
Und ich lächle auch,
zum ersten Mal seit langer Zeit.

In deine Hände

Alles, mein Gott,
in deine Hände,
mein Heute und mein Morgen,
meine Sehnsucht und mein Lieben,
mein Schmerz und meine Tränen,
meine Fehler und meine guten Träume.
Bei dir ist alles gut aufgehoben.

Kein Zufall

Wo komme ich her, wo gehe ich hin –
so habe ich mich immer wieder gefragt.
Bin ich nur ein winziger Wassertropfen
im großen Meer des Lebens?
Trage ich seit meinem Anfang
das Ende schon in mir?
Doch mein Glaube sagt mir,
dass mein Leben kein Zufall sein kann.
Er gibt dem Meer der Zeit
eine lebendige Seele.
Von Jesus lerne ich, dass mein Leben
ein göttliches Geschenk ist.
Geschaffen, gewollt, erwartet, geliebt.
Für alle Zeit.

Nichts. Oder doch alles

Ich weiß nicht,
was ich jetzt fühle.
Ich fühle nichts. Ich fühle zu viel.

Ich weiß nicht,
was ich jetzt tun soll.
Ich tue gar nichts und alles auf einmal.

Ich weiß nicht,
was ich jetzt denke.
Da ist nur ein großer Vorhang,
hinter dem eine wilde Schlacht tobt.

Manchmal lasse ich etwas los,
damit mein Leben ein wenig leichter wird.
Jetzt versuche ich loszulassen,
damit ich weiterleben kann.

Völlig durcheinander

„Jetzt versuche ich einmal, für einige Zeit nicht an dich zu denken, und kann doch nichts anderes tun. Du bist in meinen Gedanken und Gefühlen. Wenn ich dich durch die Vordertür hinauslasse, kommst du sofort durch die Hintertür wieder herein.

Gedanken? Eher Gedankensplitter. Warum musste alles so kommen? Warum hast du … Warum habe ich nicht … Ich hätte dir noch so viel sagen wollen. Habe ich dir eigentlich richtig zugehört? Und du, wolltest du vielleicht gar nicht, oder ganz anders?

Du tust mir leid, so denke ich immer wieder. So wie alles kam. Du tust mir leid, oder doch nicht? Du spürst jetzt von allem nichts mehr. Du nicht, aber ich. Ich tue mir leid. Ich vermisse dich. Oder bin ich einfach nur gekränkt? Verlassen? Und immer wieder: Warum?

Ich denke an einige Worte, die du in letzter Zeit so oft gesagt hast. Habe ich richtig darauf reagiert? Habe ich überhaupt wahrgenommen, was du damit ausdrücken wolltest? Habe ich sogar darüber gelächelt? Habe ich dich und deine Hoffnungen oder Verletzungen richtig verstanden?

Ich versuche schon wieder, an etwas anderes zu denken. Plötzlich ist die Frage da: Kann man trauern eigentlich lernen? Kann man überhaupt „richtig" trauern? Das hört sich alles so schön an: Loslassen, das Gute bewahren, den Schmerz und die Tränen zulassen, aber nicht zu sehr, kein schlechtes Gewissen haben. Das Leben geht schließlich weiter. Ihr habt alle gut reden. Mein Kopf und mein Herz tun nicht, was ich will. Sie gehen ihre eigenen Wege. Aber schließlich ist es kein fremder Kopf und kein fremdes Herz. Ich bin es selbst – völlig durcheinander, hin- und hergerissen, traurig verwirrt und tief ergriffen."

„Diejenigen, die gehen, fühlen nicht den Schmerz des Abschieds. Der Zurückbleibende leidet."

Henry Wadsworth Longfellow

3. Allein und doch nicht allein

Ich bin allein,
so schrecklich allein.
Doch ab und zu spüre ich dankbar
– für einen kostbaren Augenblick –
die Nähe eines vertrauten Menschen.

Seid ganz natürlich!

In der Zeit des Schmerzes und unserer tiefsten Trauer wünschen wir uns einige vertraute Menschen, die uns Nähe und ehrliches Mitgefühl schenken. Wir fühlen uns allein gelassen von dem oder der Verstorbenen. Dieses Gefühl der Verlassenheit ist furchtbar. Darum ist es so wichtig, dass Menschen da sind, die sagen: „Ich lasse dich nicht allein. Ich bin für dich da. Du kannst mit mir rechnen."

Doch gerade in diesen Wochen sind viele von ihnen uns völlig fern. Es sieht sogar so aus, als würden uns etliche Mitmenschen meiden. Einige versuchen gequält, freundlich und positiv zu erscheinen und reden manchmal sonderbare Sachen. Andere wechseln schnell die Straßenseite, wenn sie uns erblicken. Es ist mit Händen zu greifen, wie unsicher und verkrampft sie sind. Wahrscheinlich sind sie mit der Situation völlig überfordert. Das würde uns selbst vielleicht genauso ergehen.

Darum eine herzliche Bitte an Verwandte, Freunde und liebe Nachbarn: „Ich ermutige euch, mir und auch euch selbst nichts vorzuspielen. Seid so natürlich, wie es geht, seid ehrlich – das brauche ich jetzt besonders. Habt Zeit für mich, haltet meine Tränen aus und hört mir zu. Ich brauche keine klugen Sprüche und Ratschläge. Weint mit mir, statt so zu tun, als wäret ihr stark. Zeigt eure Unsicherheit, statt sie krampfhaft zu überspielen. Weint mit mir, seid mir nah, mehr nicht."

In Trauer verbunden

Was du verloren, wer kann das ermessen?
Was du erleidest, wer kann das verstehn?
Doch der Mensch, den du geliebt,
den vermisst du nicht allein!
In Trauer verbunden, dir nahe zu sein.
Du bist nicht allein.

Träume im Urlaub, lebendig noch heute,
bewegende Worte und leise Musik.
Die Erinnerung ist dein,
ist wie Sommersonnenschein.
Du ringst nach den Worten: „Hab Dank für die Zeit!"
Du bist nicht allein.

Geliebt auch im Streit und geborgen in Ängsten,
du denkst an die Liebe, das große Geschenk.
Alle Liebe kommt von Gott,
er will immer bei dir sein.
Und in deinen Schmerzen ist er dir so nah.
Du bist nicht allein.

Wirklich alles verloren?

„Ich habe alles verloren. Jetzt reicht es. Ich kann und will nicht mehr!"
Wie oft sind solche Sätze der Verzweiflung zu hören. Es sind Dokumente einer unglaublichen Not, die Menschen erlebt haben. Sie haben die Heimat verloren und den Besitz. Sie trauerten um ihre Eltern, die viel zu jung starben. Der Ehepartner ging fort, Kinder starben, Geschwister, Freunde – von so vielen hieß es Abschied nehmen. Unzählige Menschen beklagen den Verlust ihrer Gesundheit, ihres Arbeitsplatzes oder einer guten Freundschaft.

Was für ein Leid müssen Menschen tragen! Ist das gerecht? Nein, das Leben ist nicht gerecht. Vieles ist einfach nur bitter. Schmerz und Trauer und vielleicht auch Wut sind stets die erste und wichtigste Antwort. Keine Trauer, das wäre unnatürlich und unmenschlich. Ohne Trauer würden wir krank werden. Trauer ist so wichtig und so gesund.

„Ich habe alles verloren"? Nein, nicht alles. Da sind Menschen, die uns nahestehen. Da ist der Glaube, dass Gott uns niemals verlässt. Da kommt ein neuer Frühling nach dem Winter. Und da ist die Hoffnung, dass trotz allem Leid eines Tages die Freude wiederkehrt.

46

Was ich wollte, liegt zerschlagen,
Herr, ich lasse ja das Klagen,
und das Herz ist still.
Nun aber gib auch Kraft zu tragen,
was ich nicht will!

Joseph von Eichendorff

Was mich hält

Die Zeit meiner Trauer ist so intensiv
und unglaublich anstrengend.
Ich leiste Schwerstarbeit.
Alles andere kommt daneben zu kurz.
Den Preis muss ich zahlen.

Was mich in dieser schweren Zeit
hält und trägt, das frage ich mich.
Vielleicht ist es mein Glaube,
und sei er noch so klein.
Vielleicht ist es die Liebe meiner Familie,
vielleicht die Hoffnung auf neue Lebensfreude.
Ich verliere den Boden unter den Füßen
und fühle mich trotzdem getragen.

Du darfst gehen

So nicht.
So hättest du nicht gehen dürfen.
Es ging so schnell.
Es war der falsche Augenblick.
So nicht.
   Du hättest warten sollen.
Ich hätte dir viel Gutes noch getan.
Du hättest mir noch manches sagen müssen.
Wir haben doch so viel versäumt.
Es war der falsche Augenblick.
   So nicht,
hör ich dich leise sagen:
Denk nicht daran, was fehlte.
Freu dich daran, was uns gelang.
So kostbar ist das Leben.
   Und zögernd noch
heb ich zum Segen meine Hand:
Du darfst gehen.
Die Zeit war reif.
So kostbar ist das Leben.

Nähe zulassen

Wir haben uns zurückgezogen und spüren den Schmerz des Abschieds. Wir sind in die Erinnerung eingetaucht und fragen immer wieder: „Warum?" Wir leiden – und wollen daran im Augenblick auch nichts ändern. Wir fühlen uns manchmal sehr einsam. Wie gut wäre es, wenn jetzt jemand bei uns sein könnte!

Wollen wir wirklich, dass jemand zu uns kommt? Dann müssen wir das auch sagen und deutlich machen. Vielleicht so: „Gerade jetzt, im Tief und in der Verzweiflung, brauche ich Menschen, die zu mir stehen. Wenn ich fast kapitulieren möchte, wünsche ich mir, dass jemand meine Hand hält oder neben mir sitzt. Es tut gut, wenn jemand mich anhört, mit mir weint und mich vielleicht sogar zwischendurch zum Lachen bringt. Ich freue mich über ein paar liebe Zeilen und über gute Wünsche Ein Mensch, der Zeit für mich hat, ist mehr wert als die Erinnerung an gute Freunde, die nichts von sich hören lassen."

Wenn sich Menschen anbieten, uns zu besuchen oder zu begleiten, dann ist es an uns, ein deutliches Zeichen zu geben oder ihnen unsere Tür zu öffnen. Wenn jemand einen Brief schreibt mit einfühlsamen Worten und guten Wünschen, ist es an uns, den Brief zu öffnen und zu lesen. Wenn Menschen bei uns sind und uns geduldig zuhören, ist es an uns, ehrlich zu sein und unsere Tränen zuzulassen, statt so zu tun, als wären wir stark und hätten alles im Griff. „Danke für eure Worte, eure Zeit, eure Liebe und euer Mitgefühl."

„Ein Mann, der Tränen streng entwöhnt,
mag sich ein Held erscheinen;
doch wenn's im Innern sehnt und dröhnt,
geb ihm ein Gott zu weinen."

Johann Wolfgang von Goethe

4. In der Tiefe – Gott

Herr, ich weiß, dass ich vor dir nicht weglaufen kann.
Wenn ich zum Himmel emporfliegen würde:
Du bist längst da.
Wenn ich mich wie ein Toter vergraben lassen würde:
Du bist längst auch dort.
Und wenn ich bis ans Ende der Welt käme:
Auch dort würde deine Hand mich leiten und schützen.
Und wenn ich in die Finsternis flüchten würde,
so würde es stets hell um mich sein,
wenn nur du bei mir bist.
Bei dir ist die Finsternis wie Licht
und die Nacht wie der Tag.

Psalm 139,1-12

Aus Gottes Hand

Womit können wir überhaupt noch rechnen? Worauf können wir uns verlassen? Wir fühlen uns gerade jetzt hilflos und klein. Nichts hat Bestand in dieser Welt – muss das die trostlose Erfahrung eines Menschenlebens sein? Menschen sterben, Freunde verlassen uns, Hoffnungsblasen zerplatzen, Beziehungen gehen zu Ende. Selbst unser eigenes Leben ist zerbrechlich und wurde uns nur für eine bestimmte Zeit gegeben.

Vielleicht zögern wir bei dem Wort „gegeben". Es erinnert uns an Gott, aus dessen Hand doch alles Leben kommt.

Viele Gedanken gehen uns dabei durch den Kopf: „War Gott mir nah in den vergangenen Tagen und Wochen, als ich ihn doch besonders brauchte? Gerade als mein Schmerz am größten war, schien er mir unendlich weit weg zu sein. Vielleicht machte ich ihn sogar verantwortlich für meinen Verlust. Ich haderte mit ihm, ich zweifelte an seiner Liebe und klagte ihn an: „Warum, Gott?!" Ich versuchte, zu ihm zu beten, und meine Worte erstarben mir auf den Lippen.

Doch zugleich wurde mir deutlich, wie sehr ich Gott gerade jetzt suche und brauche. Es ist die einzige zuverlässige Beziehung in meinem Leben – und schon davor und darüber hinaus.

Ich denke an alte Worte aus der Bibel, die mir jetzt gut tun. Ungefähr so: „Nichts kann mich trennen von dir, mein Gott – kein Tod, keine Enttäuschung. Und nicht einmal ich selbst im Augenblick des größten Schmerzes."

Ich bitte nicht um Glück der Erden,
nur um ein Leuchten nun und dann,
dass sichtbar deine Hände werden,
ich deine Liebe ahnen kann;
nur in des Lebens Kümmernissen,
um der Ergebung Gnadengruß:
Dann wirst du schon am besten wissen,
wie viel ich tragen kann und muss.

Anette von Droste Hülshoff

Gott ist bei mir

Herr, du kennst mich ganz genau.
Egal, ob ich sitze oder stehe, du weißt es.
Und du verstehst mich.
Egal, ob ich gehe oder liege, du bist bei mir.

Du kennst jedes Wort, das ich rede –
schon bevor ich es nur denke.
Du umgibst mich von allen Seiten
und hältst deine Hand über mir.
Ich kann nur staunen, dass das so ist.
Begreifen kann ich es nicht!

Herbst

Die Blätter fallen. Fallen wie von weit,
als welkten in den Himmeln ferne Gärten;
sie fallen mit verneinender Gebärde.

Und in den Nächten fällt die schwere Erde
aus allen Sternen in die Einsamkeit.

Wir alle fallen. Diese Hand da fällt.
Und sieh dir andre an: es ist in allen.

Und doch ist Einer, welcher dieses Fallen
unendlich sanft in seinen Händen hält.

Rainer Maria Rilke

Wo bist du jetzt?

Immer wieder sind wir auf den Spuren des so schmerzhaft vermissten Menschen, Tag und Nacht. Wir suchen ihn. Vielleicht führen uns unsere Füße zum Friedhof. Dort stehen wir hilflos am Grab, hier ist er doch – aber wir begegnen ihm nicht.

Vielleicht besuchen wir das alte Restaurant, unseren Lieblingsgasthof seit vielen Jahren. Der kleine Tisch auf der Terrasse, die alten Stiche an den Wänden, sogar die Speisekarte – alles wunderschöne, schmerzhafte Erinnerungen. Doch wir begegnen ihm nicht. Die Leere wird jetzt nur noch greifbarer.

Vielleicht erleben wir gemeinsame Ausflüge in unseren Träumen, „Bist du es wirklich!?", tiefe Gespräche, fröhliches Lachen, süße Tränen. Wir sind wieder zusammen, so wie immer und doch seltsam unheimlich – vertraute Bilder, bis beim plötzlichen Erwachen alles weggewischt wird. Nein, hier ist er auch nicht.

Wo ist sie, wo ist er jetzt? Wohin geht ein Mensch, der gestorben ist? Wohin werden wir gehen, wenn unsere Zeit eines Tages abgelaufen ist?

Es ist ein kostbares Geschenk, wenn wir davon wissen, dass Leben mehr ist als diese wenigen Jahre hier auf der Erde. Wenn wir eine Vorstellung davon haben, dass das Beste noch vor uns liegt. Wenn wir darauf vertrauen, dass jemand da ist, der unser Leben in seiner Hand hält.

58

Wo ist sie jetzt, wo ist er jetzt? Niemand weiß es. Der Glaube sagt: in Gottes Hand. Geliebt, bewahrt und gehalten. Wo und wie, das ist uns (noch) verborgen.

„Danke für mein Gottvertrauen, gerade jetzt. Auch wenn es noch so klein ist. Es nimmt mir nicht die Trauer und macht mich nicht einfach wieder glücklich. Aber es erfüllt mich mit einer sehr lebendigen Hoffnung."

Du kamst, du gingst mit leiser Spur,
ein flüchtiger Gast im Erdenland.
Woher? Wohin? Wir wissen nur:
Aus Gottes Hand in Gottes Hand.

Ludwig Uhland

Aus Gottes Hand

Heute lebe ich.
Ich muss mich heute
meinen Problemen und Grenzen stellen.
Ich muss heute meine Trauer aushalten
und zu den Scherben meines Lebens stehen.
Ich muss heute an mir arbeiten
und aus Erfahrungen lernen.
Gott hat mir kein Leben
ohne Probleme versprochen.

Aber gerade für die schwersten Stunden
hat er mir einen Blick nach vorne geschenkt,
einen Blick in Gottes neue Welt.
Es wird die Zeit kommen,
in der Gott alle Tränen abwischen wird.
Das soll keine Vertröstung sein,
sondern mir Freude und Mut schenken,
um jetzt weiterzuleben.

Gott wird alle Tränen abwischen.
Es wird keinen Tod mehr geben
und keine Traurigkeit,
keine Klage und keinen Schmerz.
Was einmal war, ist für immer vergangen.

Offenbarung 21,4

5. Lachen und Weinen

Nicht der Mensch hat am meisten gelebt,
welcher die höchsten Jahre zählt, sondern derjenige,
welcher sein Leben am meisten empfunden hat.

Jean Baptiste Rousseau

Leben ist Freude und Schmerz

Das Leben steht für jeden von uns bereit, mit all seinen herrlichen Gaben und unvorstellbaren Wundern. Es ist so verschwenderisch und vielfältig! Wir dürfen es ergreifen und genießen. Doch können wir es erst in seiner ganzen Fülle erfahren, wenn wir bereit sind, all seine unterschiedlichen Seiten anzunehmen und auszukosten. Das Leben besteht eben nicht nur aus Licht, sondern auch aus Schatten, aus Erfolgen und Niederlagen, aus Kommen und Gehen, aus Lachen und Weinen. Geborenwerden und Kennenlernen gehören genauso dazu wie Abschied nehmen und Sterben. Nehmen ist wichtig und Geben, Alleinsein und Gemeinschaft. Leben besteht aus Arbeit und Freizeit, aus Jugend und Alter. Erst alles zusammen ist das ganze, das leichte und schwere, das wunderbare und unerklärliche Leben.

„Gönn dir etwas Freude", so ermutigen wir uns oft, vielleicht, um uns aufzuheitern oder vom Schmerz abzulenken. Und tatsächlich ist die Freude häufig das beste Heilmittel. „Gönn dir die Trauer", auch das sollten wir uns im richtigen Augenblick sagen. Und gerade jetzt ist die Zeit zu trauern gekommen.

Leben in seiner Fülle ist ohne Freude nicht möglich. Genauso, wie es kein intensives Leben ohne Schmerz und Trauer gibt. Freude und Trauer, beides hat seine Zeit.

Lauter kleine goldene Sonnen

Lauter kleine goldene Sonnen
leuchten aus dem Wiesengrün,
lauter große goldene Träume
stolz in meiner Seele blühn.

Jeder Baum ist voller Blüten,
jeder Vogel jubelt laut,
jeder Halm und jede Rispe
ist mit Tropfen schwer betaut.

Und ich gehe, dein gedenkend,
durch das taubeperlte Ried,
in den Augen feuchtes Glänzen,
in der Brust kein Frühlingslied.

Hermann Löns

Ein Stück Himmel

Ich bin ein Stück Natur.
Ich bin in diese Welt geboren
und spüre ständig meine Grenzen.
Ich leide unter den Grenzen meines Körpers,
unter Krankheit und Älterwerden,
unter Existenzsorgen und Versagensängsten.
Ich leide unter menschlichen Eigenarten,
unter brutalem Egoismus
und übertriebener Empfindsamkeit,
wie sie mir in meinen Mitmenschen
und mir selbst begegnen.

Aber zugleich bin ich ein Stück Himmel,
von Gott geschaffen und geliebt,
von Jesus angesprochen und erlöst.
Und ich spüre, dass die Grenzen dieser Welt
nicht das letzte Wort haben.

In der Welt habt ihr Angst.
Doch fürchtet euch nicht, denn siehe,
ich habe die Welt überwunden.

Johannesevangelium 16,33

67

Begeisterung und Liebe

Es gibt zahlreiche Menschen, denen der Tod eines lieben Menschen, der schwere Abschied oder die furchtbare Enttäuschung eine schmerzhafte Wunde zufügt, die bleibt. Deshalb wollen sie einen klaren Schnitt machen. Voller Überzeugung sagen sie jedem, der es hören will: „Nie wieder werde ich so etwas erleben! Und das geht nur, wenn ich mich schütze. Ich werde mich nie mehr für andere einsetzen. Ich werde mich auf keinen Fall noch einmal verlieben. Ich werde für nichts und niemanden mehr kämpfen. Ich werde nichts mehr von anderen erwarten. Ich werde niemandem mehr vertrauen. Das ist der beste Schutz für mich. So kann ich nicht mehr enttäuscht werden. Ich kann nicht verlassen werden und allein zurückbleiben. Ich will und werde keinen Schmerz mehr fühlen müssen."

Vielleicht können wir solche Gedanken und Entscheidungen verstehen. Doch wir wissen genau, dass so etwas keine gute Lösung ist. Denn was wäre das für ein armseliges Leben! Es wäre nur noch oberflächlich, ohne jede Wärme und Tiefe. Es wäre ein Leben ohne Begeisterung und Liebe. Es wäre ein Leben mit einem kalten Herz. Wahres und erfülltes Leben sieht anders aus.

Es ist nun einmal so: Wirklich leben, das tut gut und das tut weh. In diesen Wochen spüren wir vor allem, dass es weh tut. Aber lieber würden wir noch mehr Schmerzen in Kauf nehmen, als ohne ein heißes Herz und eine lebendige Seele zu leben.

Wer das Leben liebt, freut sich über die Höhen mit ihren wunderbaren Glücksmomenten. Und er steht zu den Tiefen mit Abschieden und Enttäuschungen. Eines ist ohne das andere leider nicht möglich.

Nie erfahren wir unser Leben stärker
als in großer Liebe und in tiefer Trauer.

Rainer Maria Rilke

Sieben lange Meilen

Der Tag vergeht, es kommt die Nacht –
nebenan wird noch gelacht.
Der Regen fällt, die Sonne scheint –
unter uns wird leis geweint.

Stille Tränen, tiefes Glück,
Lieben heißt,
dass wir ein Stück unsres Weges teilen,
sieben lange Meilen.

Der eine kommt, der andre geht,
einmal kommst auch du zu spät.
Mal geht es ab, dann wieder auf,
Segen für den Lebenslauf.

Stille Tränen, tiefes Glück,
Lieben heißt,
dass wir ein Stück unsres Weges teilen,
sieben lange Meilen.

Ein Freudenfest, Musik erschallt,
lange durch die Vorstadt hallt.
Zum Abschied noch ein letztes Mal
von dem Berg hinab ins Tal.

Stille Tränen, tiefes Glück,
Lieben heißt,
dass wir ein Stück unsres Weges teilen,
sieben lange Meilen.

6. Kostbare Erinnerungen

Wie glänzende Perlen auf der Schnur
begegnen mir die kostbarsten Momente,
die ich in glücklichen Tagen erleben durfte.

Schwerer oder leichter Abschied?

Zwei ähnliche und doch völlig unterschiedliche Begegnungen hatte ich innerhalb von wenigen Tagen:

Ihm sehe ich die Verzweiflung sofort an. Vor fünfzehn Monaten hat er seine Frau verloren – nach 48 Jahren Ehe. Zwei Jahre lang hatte sie um ihr Leben gekämpft, immer zwischen Angst und Hoffnung unter unvorstellbaren Schmerzen.

Auch nach fünfzehn Monaten ist er noch in seiner Trauer gefangen, ein Schatten seiner selbst. Immer und immer wieder muss er an ihre letzten zwei Jahre denken. Die schrecklichen Bilder ihres Leidens gehen ihm nicht aus dem Kopf.

Sie hat ihren Ehemann verloren – nach 44 Jahren gemeinsamen Lebens. Sie strahlt, als sie mir von den letzten Minuten seines Lebens erzählt: Er kam aus dem Badezimmer, nahm sie in den Arm und küsste sie, so wie er es so oft und gern getan hatte. „Ich bin gleich wieder da", flüsterte er ihr zärtlich zu und verschwand noch einmal im Bad. Nach ein oder zwei Minuten hörte sie ein dumpfes Geräusch. Schnell öffnete sie die Badezimmertür und sah ihn leblos auf den Fliesen liegen.

Jeder Abschied ist anders. Oft sind es die letzten Augenblicke mit dem geliebten Menschen, die uns immer wieder in den Sinn kommen. War da ein Lächeln oder ein schmerzverzerrter Gesichtsausdruck,

74

ein liebevoller Blick oder eine abweisende Geste? War es ein qualvolles Leiden oder ein Augenblick voller Zärtlichkeit?

Was für ein Glück, wenn wir uns gern an die letzte Zeit mit dem geliebten Menschen erinnern! Wenn das nicht möglich ist, dann tut es gut, einen der schönen Momente in unserem Herz zu verankern – der Spaziergang am Strand damals im gemeinsamen Urlaub, der romantische Abend in unserem Lieblingslokal oder das vertrauensvolle Gespräch zu Hause am Wohnzimmertisch. So vieles, woran wir uns gern erinnern!

Die Erinnerung an einen lieben Menschen kann in mir ganz verschiedene Gefühle wecken – Schmerz und Liebe, Trauer und Dankbarkeit.

75

Weinen und Lachen

Ich weine Tränen ohne Zahl.
Warum bist du gegangen?
Ich bleib zurück in meiner Qual
und bin darin gefangen.

Bist jetzt in einer andren Welt.
Mein Auge ist verdunkelt,
wie finster ist das Himmelszelt –
bis hell ein Stern dort funkelt:

Erinnerungen, wunderschön,
an ganz verrückte Sachen,
Gefühle, die herüberwehn –
muss unter Tränen lachen.

Christiane

Es stand ein Sternlein am Himmel,
ein Sternlein guter Art;
das tät so lieblich scheinen,
so lieblich und so zart!

Ich wusste seine Stelle
am Himmel, wo es stand;
trat abends vor die Schwelle
und suchte, bis ich's fand;

Und blieb dann lange stehen,
hatt' große Freud in mir:
Das Sternlein anzusehen,
und dankte Gott dafür.

Das Sternlein ist verschwunden;
ich suche hin und her,
wo ich es sonst gefunden,
und find es nun nicht mehr.

Matthias Claudius

77

Erinnerungen

In meiner Erinnerung sehe ich Bilder,
die sich mir tief eingegraben haben.
Ich denke zurück an Begegnungen,
die für uns beide kostbar und wichtig waren,
an tiefe, gute Gespräche,
von gegenseitigem Vertrauen geprägt.
An Begleitung in schweren Stunden,
die wir schenken und empfangen durften.
Ich denke an Träume und fröhliches Lachen,
an gemeinsame Augenblicke des Glücks.
Ich denke zurück – voller Dankbarkeit.

Immer noch

Vieles wollte ich dir noch sagen.
Ich sage es jetzt, ganz leise, und hoffe,
es tut uns beiden gut.

Vieles will ich nie vergessen.
Ich schließe meine Augen
und erlebe kostbare Augenblicke,
die wir teilen durften.

Vieles nehme ich mit –
dein Lachen, deine Freundschaft
und die Art und Weise,
in der du immer wieder gezeigt hast,
wie sehr du das Leben liebst.

7. Ein neuer Blick

Gemeinschaft genießen

Der Tod eines vertrauten Menschen, jeder schwerwiegende Verlust zeigt uns, wie zerbrechlich das Leben ist. Wir erkennen, dass jede menschliche Beziehung ihr Ende bereits in sich trägt. Jeder Augenblick des Glücks vergeht. Wir haben nichts auf Dauer. Wir können nichts vom Leben fordern, nichts steht uns zu.

Wir haben das immer wieder erfahren müssen: Unsere Lieblingslehrerin ist gestorben. Dabei wollten wir sie doch schon lange einmal besuchen. Jetzt ist es zu spät. Einer guten Freundin hatten wir versprochen, sie bald in ihrem neuen Wohnort zu besuchen. Kürzlich bekamen wir ihre Todesanzeige. Mit den Nachbarn wollten wir schon seit Jahren wieder einmal gemeinsam im Garten grillen. Jetzt stand plötzlich der Möbelwagen vor ihrer Tür.

Es gibt Menschen, mit denen wir endlich einmal ein intensives Gespräch führen wollten. Mit einigen wollten wir alte Streitigkeiten und Probleme aufarbeiten. Und diese oder jenen wollten wir schon lange zu einem gemütlichen Abend einladen. Leider zu spät!

Wie gut, wenn wir aus solchen Erfahrungen lernen! Dann wird es möglich sein, jeden Augenblick unseres Lebens als kostbares Geschenk anzunehmen. Und vor allem werden wir den Wert jedes Menschen höher einschätzen als bisher. Wir werden für jede glückliche Stunde dankbar sein und uns über jedes gute Gespräch von Herzen freuen.

Nicht in einer fernen Zukunft wollen wir leben, sondern ganz in der Gegenwart. Wir werden aufhören, unsere Besuche, Einladungen und Begegnungen immer wieder hinauszuschieben. Dann werden wir öfter einmal sagen: Zum Glück war es nicht zu spät!

Wir sollen die Liebe,
welche wir den Toten mit ins Grab geben,
nicht den Lebenden entziehen.

Wilhelm Raabe

83

Verändert

Ich habe mich verändert in dieser Zeit.
Ich habe mehr Geduld als früher
mit mir selbst und meinen Mitmenschen.
Ich bin toleranter und großzügiger geworden.
Ich weiß um den Wert des Lebens
und jedes einzelnen Augenblicks.
Ich lasse gern einmal den Abwasch
und die Akten liegen,
um mir Zeit zu nehmen
für den Sonnenuntergang, für ein Gedicht,
für Musik und Blumen
und für die vielen wunderbaren Menschen,
die mein Leben so reich machen.

Friede

Meine Seele sagt mir:
Jetzt ist es Zeit für das große Friedensfest.
Du bist gegangen. Friede sei mit dir.
Ich bin geblieben. Friede sei mit mir.

Meine Seele sagt mir:
Jetzt ist es Zeit, im Frieden weiterzugehen.

Zeit vor dem Abschied

Nichts kann ich wiederholen,
keinen Tag meines Lebens,
keinen Blick und keine Begegnung.
Jeder Augenblick ist kostbar und einzigartig.

Ich will mein Leben nicht länger
in eine ferne Zukunft schieben.
Was gesagt werden muss,
will ich heute sagen.
Was getan werden muss,
will ich möglichst bald tun.
Was verziehen werden kann,
will ich heute verzeihen.

Ich will die Zeit vor dem Abschied nutzen,
meine Jugend und mein Alter,
meinen Alltag, meinen Sonntag,
meinen Morgen und meinen Abend.

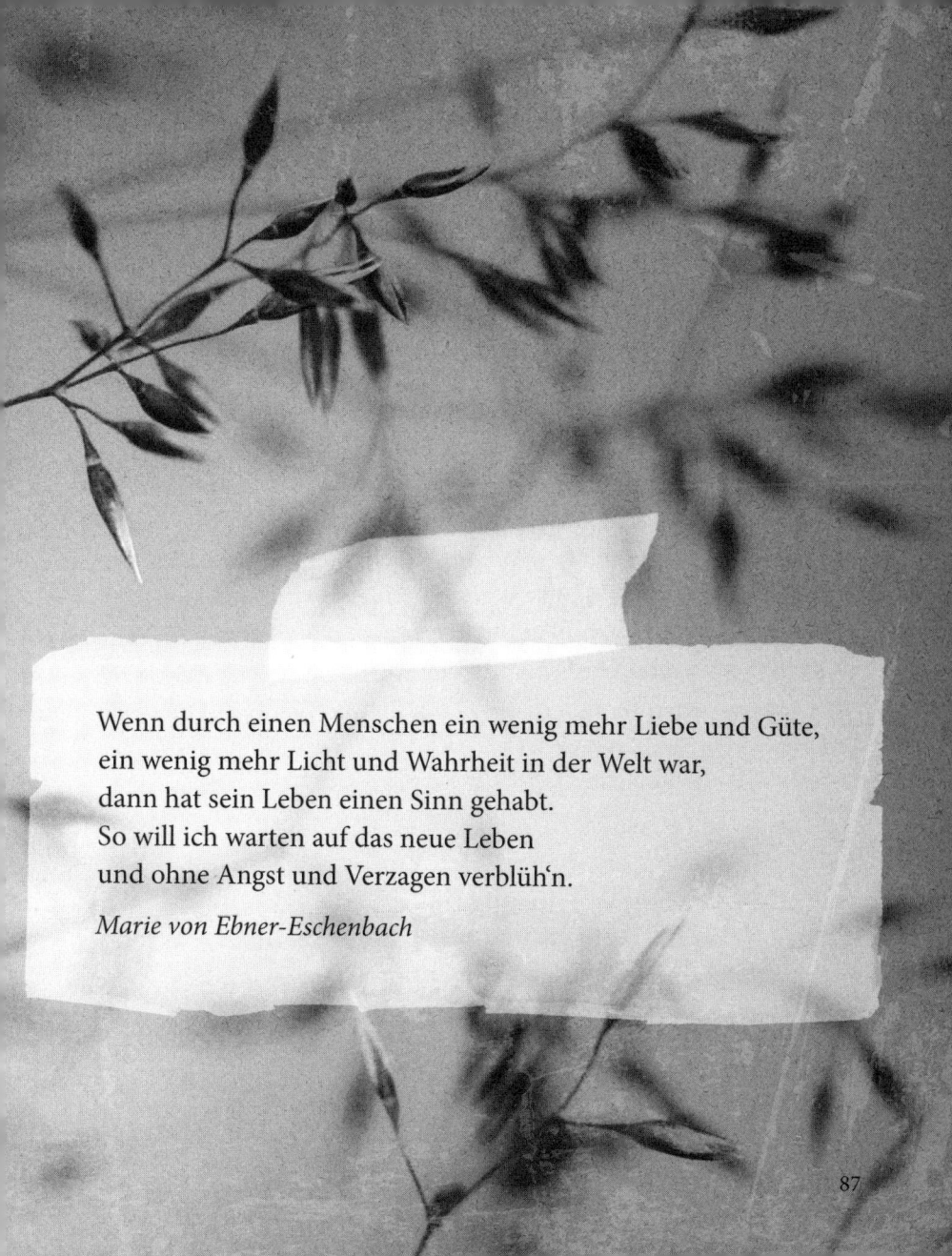

Wenn durch einen Menschen ein wenig mehr Liebe und Güte,
ein wenig mehr Licht und Wahrheit in der Welt war,
dann hat sein Leben einen Sinn gehabt.
So will ich warten auf das neue Leben
und ohne Angst und Verzagen verblüh'n.

Marie von Ebner-Eschenbach

Nicht zu spät

Wie lange wollte ich mich schon mit einer guten alten Freundin treffen! Aber ständig war so viel zu tun, dass wir den Termin immer weiter hinausgeschoben haben.

Wie gern würde ich mal wieder ins Theater gehen! Und auch zum Wandern bin ich schon lange nicht mehr gekommen! Oder einfach einmal bummeln gehen, am Wasser sitzen oder mit lieben Menschen in meinem Lieblingsrestaurant gemütlich essen und trinken.

Wenn ich darauf warte, Zeit für solchen „Luxus" zu haben, kann ich sicher lange warten. Und je länger ich warte, umso mehr fühle ich mich beherrscht durch die Arbeit, die Pflichten und die schweren Gedanken. Soll das mein Leben sein?

„Es gibt Wichtigeres im Leben,
als beständig dessen Geschwindigkeit zu erhöhen."

Mahatma Gandhi

Immer mehr?

Es steht uns zu, so denken wir. Wir haben Anspruch auf all das, was das Leben schön und interessant macht. Der Staat hat für uns zu sorgen. Oder Gott. Oder wir verdienen und erarbeiten es uns selbst. Wir haben Anspruch auf Vergnügen und Lust, auf jeden Komfort und ständig die neuesten und besten Informationen, auf mehr Geld und genügend Freizeit, regelmäßige Zerstreuung und immer mehr Befriedigung. Immer besser, immer mehr, immer größer und immer schneller muss es sein. Es sieht aus, als hätte uns ein kollektiver Rausch erfasst.

Die Zeit der Trauer rückt die Schwerpunkte in unserem Leben wieder zurecht. Sie macht uns bewusst, dass nichts selbstverständlich ist und jedes Leben einen Anfang und ein Ende hat. Sie gibt uns neue Maßstäbe, weil sie uns das Leben aus einem anderen Blickwinkel zeigt. Sie macht uns klar, wie wichtig es sein kann, warten zu können und zu verzichten. Manchmal ist weniger, leiser und langsamer eben mehr. Und sie macht Mut, vom Leben nicht nur Glück und Vergnügen zu erwarten, sondern auch Last und Schmerz anzunehmen.

„Meine Trauer lehrt mich, dass Liebe und Dankbarkeit wichtiger sind als ständig neue Ansprüche."

8. Aber die Liebe bleibt

Ein Teil meines Lebens

In diesen Tagen versuchen wir zu erfassen, was geschehen ist. Es zu denken, es sogar auszusprechen – das tut unsagbar weh. Nur langsam kommt etwas Ordnung in unsere Gedanken- und Gefühlswelt, um gleich darauf wieder im Chaos zu versinken.

Vielleicht sind dies die Worte, die jetzt passen: „Ich habe einen wichtigen Teil meines Lebens verloren. Ein Teil meiner eigenen Welt ist Vergangenheit. Mein Leben, meine Welt – alles ist ins Wanken geraten. Nichts wird mehr sein wie früher, und ich werde nicht mehr derselbe Mensch sein wie bisher."

Eines Tages wird es weitergehen. Wir wissen nicht, wann, wir wissen auch nicht, wie. Wir wissen nur, dass es anders sein wird. Noch können wir es uns kaum vorstellen, weil es uns wie Verrat an dem geliebten Menschen vorkommt.

Eines Tages wird es weitergehen. Langsam wird sich die Trauer in eine Bereitschaft verwandeln, nach dem neuen Leben zu fragen. Und noch später werden wir daran mitwirken, auch die Möglichkeiten zu erkennen, die in diesem Neubeginn liegen.

Eines Tages wird es weitergehen. Vielleicht so: „Ich habe einen wichtigen Teil meines Lebens verloren. Ich musste ihn beweinen und beklagen und schließlich widerstrebend loslassen. Doch als ich allein meinen Weg weitergehen wollte, stellte ich erstaunt und lächelnd fest: Der geliebte Mensch ist auf eine neue Weise Teil meines Lebens. Wenn ich an ihn denke, dann bin ich nicht mehr traurig, sondern stelle dankbar fest, wie sehr er und die Erinnerung an ihn mein Leben immer noch und immer wieder bereichern."

Es ist besser, etwas gehabt
und wieder verloren zu haben,
als es nie gehabt zu haben.

Walisisches Sprichwort

Dein Lachen

Ich geh mit dir die alten Wege,
obwohl dein Weg zu Ende ist.
Und wenn ich mich zum Schlafen lege,
dann denk ich, dass du bei mir bist.

Ich geh mit dir in meinen Träumen,
und wenn ich wach bin, tut es weh.
Ich spüre dich in allen Räumen,
auch wenn ich dich dort nicht mehr seh.

Aus meinem Schmerz werd ich erwachen.
Die Wege gehe ich allein.
Doch deine Liebe und dein Lachen,
die werden immer in mir sein.

Warm ums Herz

Ein Raum in meinem Herzen
ist für dein Bild reserviert.
Da sitzt du gelassen
und lächelst mir fröhlich zu.
Dein Strahlen tut mir gut.
Dort, wo du jetzt bist,
muss es wunderschön sein.
Wenn ich an dich denke,
wird mir ganz warm ums Herz.

Noch lebendig

Ein wunderbarer Mensch hat mich geliebt,
hat mich eine Zeit lang begleitet.
Seine Nähe und Wärme,
seine Zuversicht und Fröhlichkeit
haben sich mir tief eingeprägt.
Sie haben mein Leben bereichert.
Ein wunderbarer Mensch hat mich geliebt.
Und ich spüre deutlich,
wie lebendig diese Liebe
immer noch ist.

Alles, was schön ist,
bleibt auch schön, auch wenn es welkt.
Und unsere Liebe bleibt Liebe,
auch wenn wir sterben.

Maxim Gorki

Du hast das Leben geliebt

Du hättest Bücher schreiben können,
so interessant und vielfältig war dein Leben.
Nicht alles lief so,
wie du es dir gewünscht hättest.
Du musstest manchen Rückschlag verkraften.
Doch nie hast du aufgegeben.
Deine Neugier und Lebensfreude
gewannen immer wieder die Oberhand.
Du hast das Leben geliebt.
Und viele Menschen denken gern an dich
und dein buntes Leben zurück.
Du hättest Bücher schreiben können.

Menschen kommen und Menschen gehen.
Die Trauer kommt, die Trauer geht.
Der Schmerz kommt, der Schmerz geht.
Die Enttäuschung kommt, die Wut,
die Verzweiflung, die Leere –
alles kommt und alles geht.
Die Liebe bleibt.

Dankbarkeit

Wer Abschied nehmen muss und deshalb tief trauert, ist manchmal wie ein Schatzsucher wider Willen, der in der Dunkelheit hilflos im Schlamm steckt, aber dort unerwartet eine kostbare Perle entdeckt: „Meine Tage sind dunkel. Ich vermisse einen Menschen, der mir unendlich wertvoll und wichtig war. Ich habe einen Teil meines Lebens verloren. Ja, ich habe viel verloren – aber zugleich fühle ich mich reich beschenkt. Denn ich kann nicht anders, als für die Zeit mit diesem Menschen, für seine Nähe und Zuneigung von Herzen dankbar zu sein. Seine Liebe und Freundschaft berühren mich heute immer noch, vielleicht mehr als früher."

Es ist ein kostbares Geschenk, wenn wir gerade jetzt neben allem Zorn aller Ohnmacht und aller Verzweiflung auch eine tiefe Dankbarkeit spüren. Tatsächlich, wir haben die „kostbare Perle" in der Dunkelheit gefunden. Wir sind traurig dankbar und fühlen uns hilflos beschenkt. Vielleicht können wir sogar in diesen Tagen nicht nur für das Gute danken, sondern auch für das Schwere, nicht nur für das Frohe, sondern auch für das Traurige, für all das, was wir gemeinsam erleben und vielleicht auch bewältigen durften. Vielleicht denken wir dankbar zurück an die vielen wunderbaren Erfahrungen und Überraschungen, an gemeinsame Unternehmungen und kostbare Glücksmomente.

Vielleicht wird uns deutlich, wie sehr wir diesen Menschen in unser Herz geschlossen haben. Dort war er uns immer so nah. Und dort ist er für uns noch heute lebendig.

„Danke für eine intensive, erfüllte Zeit, die ich niemals vergessen werde."

„Die Erinnerung ist die Schatztruhe und der Wächter aller Dinge."

Cicero

9. Neu und anders ist der Weg

Es gibt viel Trauriges in der Welt und viel Schönes.
Manchmal scheint das Traurige mehr Gewalt zu haben,
als man ertragen kann;
dann bestärkt sich indessen leise das Schöne
und berührt wieder unsere Seele.

Hugo von Hofmannsthal

Wieder offen für das Leben

Die Welt hat sich weiter gedreht, doch das schien nicht für uns zu gelten. Alles sah so unwirklich aus. In den vergangenen Monaten lag die Welt für uns wie im Nebel. Sie wirkte völlig verschwommen. Manchmal schien sie schrecklich weit weg zu sein oder sogar ganz verschwunden. Wir lebten zurückgezogen in unserer eigenen, kleinen Welt.

Wir spüren den Wandel. Vieles kehrt zurück, was wir fast vergessen hatten. Ein Grund zu danken: „Danke, dass die Welt um mich herum langsam wieder deutlicher zu erkennen ist. Danke, dass das Grau wieder den vielen Farben Platz gemacht hat, ja, dass sie sogar an Intensität gewinnen. Danke, dass vertraute und unbekannte Menschen in meinem Blickfeld auftauchen und ich – wenn auch noch zögernd – an ihren Schicksalen teilnehme, an ihrer Freude, ihrer Sehnsucht und ihrer Traurigkeit. Danke, dass ich offen bin für das Neue und die Zukunft, wo doch längere Zeit nur das Vergangene in meinem Leben Platz hatte. Danke, dass meine Trauer langsam abnimmt und wieder Raum ist für Fröhlichkeit."

Mag sein, es ist genug. Genügend Trauer, genügend schlaflose Nächte, genügend bitter-süße Träume, genügend Wut und genügend Hilflosigkeit. Am Horizont sehen wir wieder Licht.

Neue Aufgaben

Ein Mensch hat mich geliebt und begleitet.
Seine Nähe und Wärme,
seine Zuversicht und Fröhlichkeit
haben sich mir tief eingeprägt.
Er hat mein Leben so sehr bereichert.
Vieles von ihm bleibt für immer
tief in mir zurück.

Ich muss mir um ihn
keine Sorgen mehr machen.
Ich habe für ihn nichts mehr zu tun
und keine Aufgabe zu erfüllen.
Dort, wo er jetzt ist,
darauf vertraue ich fest,
ist er gut aufgehoben.
Ich lege ihn in Gottes Hand.
Ich lebe weiter, und gewiss –
bald warten neue Aufgaben auf mich.

Es ist alles getan

Was für ein wunderbares Gefühl – zu spüren, dass die Sonne wieder scheint. Zu sehen, wie Menschen verliebt Arm in Arm durch den Park schlendern. Zu hören, wie die Vögel ein öffentliches Konzert veranstalten. Zu ahnen, dass das Leben auch für uns unzählige Wunder bereithält.

Noch vor wenigen Wochen war das alles für uns unvorstellbar. Da drang nichts von außen zu uns durch. Da drehten sich die Gedanken im Kreis, und die Gefühle, fest im Keller verschlossen, riefen stumm um Hilfe.

„Ich denke, dass von mir alles getan wurde, um Abschied zu nehmen. Ich habe nichts weggedrückt und nichts überspielt. Ich habe geweint und geschimpft, ich habe geredet und ich habe mich oft versteckt. Ich bin unsere gemeinsame Zeit in Gedanken immer und immer wieder durchgegangen. Ich habe die Liebe gespürt und glückliche Augenblicke noch einmal erlebt."

Ja, es ist genug, genug für uns alle. Das Leben kann neu beginnen. Die Freude ist wieder da. Was für ein wunderbares Gefühl!

Heilung

Wenn die Wunden zu heilen beginnen,
kehre ich langsam ins Leben zurück.
Was die Zukunft bringen wird?
Ich weiß es nicht.
Wie mein Leben sein wird?
So wie früher
und doch völlig anders.

Wer nie sein Brot mit Tränen aß,
wer nie die kummervollen Nächte
auf seinem Bette weinend saß,
der kennt euch nicht, ihr himmlischen Mächte!

Johann Wolfgang von Goethe

Wie ein Stein

Manchmal möchte ich wie ein harter Stein sein.
Nichts könnte mir dann Schmerzen bereiten
oder einen Stich versetzen.
Nichts könnte mich enttäuschen
oder zur Verzweiflung treiben.
Ich wäre sicher und unangreifbar.

Aber worauf würde ich gleichzeitig verzichten?!
Ich könnte nicht lieben
und Nähe und Wärme verschenken.
Ich könnte nicht vertrauen
und Zärtlichkeit empfinden.
Ich könnte dich nicht verstehen
in deiner Traurigkeit.
Ich könnte nicht glücklich sein.

Lieber nehme ich die Schmerzen des Lebens in Kauf.
Lieber bin ich verwundbar – als kalt und tot.
Kein Stein, keine Maschine, kein Automat,
sondern das wunderbare, schöne, schwere Leben!

Wie damals

Die Sonne scheint so wie damals,
hell und warm und freundlich.
Der Kirschbaum steht vor dem Haus.
Der Park ist gleich um die Ecke.
Irgendwie ist alles wie damals.

Und doch ist alles anders.
Die Strahlen der Sonne gehen tief ins Herz.
Der Kirschbaum weckt Erinnerungen
und gibt ein Versprechen ab,
das meiner Seele gut tut.
Alles ist wie damals, alles ist neu.

107

Dreimal

Dreimal ging die Witwe übers Ödland,
da war kein Frühling, kein Sommer, kein Herbst noch Winter.
Mitten im Ödland saß ihr Mann, ihr Liebster,
und das erste Mal kniete sie nieder, umfing seinen Schoß,
sagte, wir haben die Kürbisse eingelegt
sauer und süß. Wir sammeln die ersten Nüsse.
Die Kinder schreiben das A und das O.
Leb wohl, und der Tote nickte.

Dreimal ging die Witwe übers Ödland.
Da war kein Tag, keine Nacht, kein Morgen noch Abend.
Mitten im Ödland saß ihr Mann, ihr Liebster,
und das zweitemal legte sie ihm ihre Hand auf die Brust,
sagte, ein Schnee ist gefallen, die Fenster blühn,
der Igel hält seinen Winterschlaf,
die Kinder backen Monde und Sterne.
Leb wohl, und der Tote nickte.

Dreimal ging die Witwe übers Ödland,
da war kein Wasser, kein Feuer, keine Luft noch Erde.
Mitten im Ödland saß ihr Mann, ihr Liebster,
und das drittemal sah sie ihn an, berührte ihn nicht.
Sagte, wir haben die Beete abgedeckt,
die Erde in unserem Garten ist schwarz und fett,
die Kinder verbrennen den Winter.
Leb wohl, und der Tote nickte.

Zum anderenmal ging die Witwe, fand das Ödland nicht mehr.
Hoch stand das Gras, verwachsen starrten die Hecken,
Margeriten blühten und Rosen, die Sichel ging.
Leb wohl, und die Sonne nickte.

Marie Luise Kaschnitz

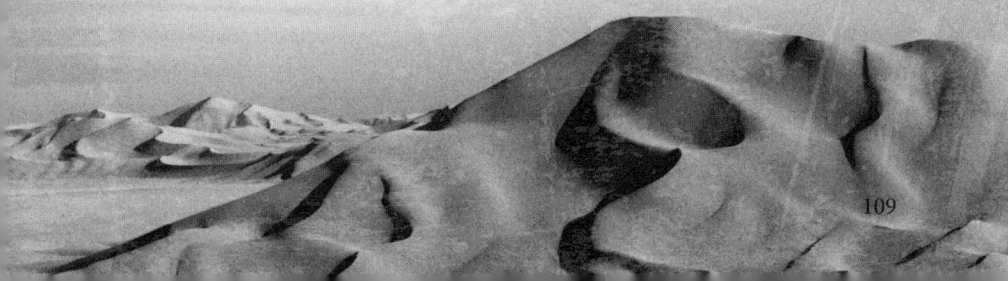

109

Mondnacht

Es war, als hätt der Himmel
die Erde still geküsst,
dass sie im Blütenschimmer
von ihm nun träumen müsst.

Die Luft ging durch die Felder,
die Ähren wogten sacht,
es rauschten leis die Wälder,
so sternklar war die Nacht.

Und meine Seele spannte
weit ihre Flügel aus,
flog durch die stillen Lande,
als flöge sie nach Haus.

Joseph von Eichendorff

Gott segne dich

Der Herr sei vor dir,
um dir den rechten Weg zu zeigen.
Der Herr sei neben dir,
um dich in die Arme zu schließen
und dich zu schützen.
Der Herr sei hinter dir,
um dich zu bewahren
vor der Heimtücke böser Menschen.
Der Herr sei unter dir,
um dich aufzufangen,
wenn du fällst.
Der Herr sei in dir,
um dich zu trösten,
wenn du traurig bist.
Der Herr sei über dir,
um dich zu segnen.
So segne dich der gütige Gott.

(altchristliches Segensgebet)

Trauer ist eine Reise

Zwei weitere Bücher, die in der schweren Zeit ein guter Begleiter sein können.
Mit einfühlsamen Gedanken, wo Worte fehlen.

Mit dem Tod konfrontiert zu sein ist immer schmerzhaft – ein langwieriger Prozess. Doch mitten in der Trauer können wir Frieden finden, und Gnade ist da. Die Trauer wird abklingen, aber die Erinnerung wird bleiben. Es gibt noch etwas für uns zu tun. Und es gibt überall Wunder – sogar im Angesicht der Todes. Dieses Buch schenkt Trost, Rat und neue Inspiration von dem Geber allen Friedens.

Elisabeth Mittelstädt • Ein Hauch vom Himmel
Gebunden • 240 Seiten • ISBN 3-978-86591-978-6

Oft fehlen uns die Worte, um angemessen auszudrücken, was unsere Herzen bewegt. Dieses schön gestaltete Erinnerungsbuch soll Trost und Mitgefühl ausdrücken. Beliebte Trauersprüche, Bibelverse und passende Lieder machen Mut, eigene Erinnerungen an den Verstorbenen niederzuschreiben. So wird dieses Geschenkbuch ein bleibender Trost für die Angehörigen.

Hanni Plato • Ich denke an dich
Gebunden • 65 Seiten • ISBN 3-978-86591-999-1